GENIESSER BIBLIOTHEK

Il Tè
Tee

Für die schönste
Stunde des Tages

Marzia Morganti Tempestini

Deutsch von Susanne Bunzel

FLECHSIG

Die italienische Originalausgabe ist bei
Nardini Editore in Florenz/Italien unter dem Titel
Il Tè. I segreti di un rito che si perde nella notte die tempi erschienen.
Redaktion: Andrea Galeazzi

Genehmigte Lizenzausgabe für Flechsig
Buchvertrieb in der Verlagshaus Würzburg
GmbH & Co. KG, Würzburg 2007
Übersetzung aus dem Italienischen
von Susanne Bunzel – Droemersche
Verlagsanstalt Th. Knaur Nachf. GmbH & Co.
KG, München

Umschlaggestaltung: Lorenzo Crinelli
Umschlaggestaltung der deutschen Ausgabe:
Silberwald – Agentur für visuelle
Kommunikation, Würzburg
Umschlagillustration: Teezeremonie,
handbemaltes Chinesisches Porzellan aus der
K'ang-xi-Periode (1662–1722), Qing-Dynastie
Printed in Italy

ISBN-13: 978-3-88189-642-9
ISBN-10: 3-88189-642-2

Unser gesamtes Programm finden Sie unter:
www.verlagshaus.com

GESCHICHTE DES TEES

Tee in aller Welt

In China hat das Ritual des Teetrinkens, vor allem im häuslichen Bereich, wo der traditionsreiche Aufguß alle Augenblicke des Tages begleitet, bis heute überleben können. Die wertvollsten Teesorten Chinas werden wie die Weine der westlichen Welt nach Lagen, Ursprungs- und Herstellungsgebiet klassifiziert.

In Tibet wie in China ist das Teeritual Ausdruck der Gastlichkeit. Der Gast, der im Haus aufgenommen wird, nimmt an einem niedrigen Tisch Platz; darauf stehen eine Teeschale, eine Dose mit *tsampa* (kleine Bällchen aus gerösteter Gerste oder Mais und Buchweizen) so-

wie ein Behälter, in dem Yakbutter und Salz mit grünem Tee vermischt werden. Indien steht in der Teeherstellung heute weltweit an erster Stelle und nimmt beim Export den zweiten Platz ein. Vor allem im Norden des Landes wird sehr viel Tee getrunken. Der bekannte *Darjeelingtee*, den man zum Frühstück trinkt und der oft als »Champagner unter den Tees« bezeichnet wird, gedeiht an den Hängen des Himalaya. Den *Neilgherry*, ein leichter Tee mit zartem Aroma, genießt man zum Abschluß einer Mahlzeit. In Indien beginnt der Tag mit einer Tasse Tee. Das Wasser wird in einer Art Samowar erhitzt, der den ganzen Tag auf dem Herd steht, so daß man sich stets eine Tasse Tee zubereiten kann. Indischer Tee ist im allgemeinen sehr stark und wird mit Zucker und Milch getrunken. Sehr geschätzt ist außerdem Tee, der mit Gewürzen angereichert wird. In den Städten im Norden des Landes sieht man ganze Reihen von Straßenhändlern, die sogenannten Chaiwallas, die an ihren Ständen sorgfältig gebrauten *Chai* feilbieten. Auch auf Bahnhöfen und in den Zügen wird Tee verkauft, damit die Reisenden in der sengenden Hitze ihren Durst löschen können. Der Tee wird in großen Kesseln warm gehalten und in kleinen Terrakottatassen ausgeschenkt. Diese Tassen wirft man nach dem Gebrauch weg, um sicherzustellen, daß kein Reisender einer niedrigeren Kaste aus demselben Gefäß trinkt.

In Afghanistan wurde Tee durch die Karawanen, die auf der Seidenstraße durchs Land zogen, schon sehr früh bekannt. Tee wird sowohl zu Hause als auch in den Teehäusern, den Thaikhana, in runden Teekannen serviert, die mit ihrer Form an die Fruchtbarkeit der Erde erinnern sollen. Gegen Durst trinkt man in Afghanistan grünen Tee, während schwarzer Tee als anregendes Getränk angesehen wird. Beide Tees werden mit sehr viel Zucker gesüßt.

In Rußland trinkt man schwarzen oder grünen Tee pur oder mit Zitrone, aber ohne Milch. Teetrinken ist ein weitverbreitetes Ritual, und meist gibt es etwas Süßes wie Fruchtkonfitüre oder ein Stückchen Kandiszucker dazu, das man zusammen mit einem kräftigen Schluck Tee im Mund zergehen läßt. Tee kam in Rußland um 1640 auf, nachdem der Gesandte Wassilij Starkow dem Zaren das

Geschenk eines Mongolenfürsten überbracht hatte: 64 Kilogramm Tee. Es dauerte jedoch rund zwei Jahrhunderte, bis sich das Getränk allgemein durchsetzte.

In der Türkei steht immer Tee bereit, der dann jeweils frisch mit heißem Wasser aufgegossen wird. Tee spielt in der türkischen Gesellschaft eine so zentrale Rolle, daß Mädchen vor ihrer Heirat ihrem Bräutigam zeigen müssen, daß sie sich

auf die Zubereitung von Tee verstehen. In Ägypten besitzt das Teetrinken ebenfalls eine lange Tradition. Bereits im 15. Jahrhundert wurde am Hof des Sultans regelmäßig Tee getrunken. Am weitesten verbreitet ist der *Dust* aus Indien oder Sri Lanka, der stark und mit viel Zucker, aber ohne Milch genossen wird. In Ägypten bietet man traditionsgemäß auch Gästen auf der Durchreise eine Tasse Tee an. In den Teehäusern wird der *Chai* auf einem kleinen weißen Tablett mit einem Gläschen Zucker, einem kleinen Löffel und einem Glas kaltem Wasser serviert.

In Marokko kam der Genuß von grünem Tee erst vor kurzem auf, denn man trank dort vornehmlich Pfefferminztee. Wie in vielen anderen islamischen Ländern serviert der Mann, das heißt der Haushaltsvorstand, den Tee. Er schenkt der Reihe nach drei Aufgüsse – von leicht bis stark – ein. Dabei gießt er den Tee von weit oben ein, so daß sich etwas Schaum bildet. Der Tee wird in verzierten Gläsern auf einem Tablett aus ziseliertem Silber, Kupfer oder versilbertem Metall serviert.

In Westeuropa konnte sich der Tee zunächst in Holland etablieren. Dort trinkt man Tee morgens zum Frühstück, am Nachmittag und auch nach dem relativ frühen Abendessen.

In Belgien ist Tee weniger verbreitet als

Kaffee. Hauptsächlich in Flandern trinkt man gerne parfümierte Tees, während man im Süden des Landes Tees aus Indien und Sri Lanka bevorzugt.
In Deutschland wurde der Tee um 1640 bekannt. Lange Zeit sah man den Teestrauch allerdings als Heilpflanze an. Erst Ende des 18. Jahrhunderts erfuhr der Tee allgemeine Verbreitung, dann zählte man jedoch sechzig verschiedene Typen von grünem Tee auf dem Markt! Im Laufe des 19. Jahrhunderts wurde der Tee zum beliebtesten Getränk in den Salons der besseren Gesellschaft. Anfang des 20. Jahrhunderts liebte man in Deutschland die sogenannten Tanztees: Die glanzvollen Hotels verwandelten ihre Bars in Tanzsäle, wo man das Tanzbein schwingen und Tee trinken konnte. Die Hamburger Kaufleute kontrollieren heute einen Großteil des Teewelthandels. In Friesland lernte man dank der holländischen Nachbarn den Tee relativ früh kennen. Mit Rum vermischt, wurde Tee schnell zum Lieblingsgetränk der Fischer; ansonsten trinkt man Tee mit Kandiszucker und Sahne.
In Frankreich wurde das exotische Getränk um 1630 bekannt und hatte in Kardinal Mazarin gleich einen begeisterten Anhänger. Er kurierte mit Tee sein Gichtleiden. In Frankreich soll, angeblich dank einer gewissen Madame de la Sablière, die Gewohnheit entstanden sein, Milch in den Tee zu gießen. In Wirklichkeit hatte diese Mode einen

ganz praktischen Hintergrund. Durch die Zugabe von kalter Milch konnte man vermeiden, daß der heiße Aufguß das zarte chinesische Porzellan oder die Glasur springen ließ. Anfang des 20. Jahrhunderts eröffneten in Paris die ersten Salons de thé, wo das Teetrinken zum Symbol für Finesse und Noblesse erhoben wurde. Auch Handwerker, Silberschmiede und Täschner haben versucht, das Teeritual eleganter zu gestalten. So hat das Haus Christofle eine spezielle chinesische Teemischung erarbeiten lassen, die an die Käufer eines silbernen Teeservice verschenkt wird.
Tee war jedoch immer auch in politische Ereignisse verwickelt. In Italien ging der Verbrauch von Tee während des Abessinienkrieges drastisch zurück. Infolge des Autarkieregimes wurde Tee so

knapp, daß selbst in den Benimmbüchern jener Zeit vom Tee überhaupt nicht mehr die Rede war. Erst in den fünfziger Jahren schwappt der Tee wieder in die Salons und in die Bücher vom guten Ton. Dort wird das Teetrinken nach östlichem Zeremoniell beschrieben – einschließlich Bekleidungsvorschriften für die Dame des Hauses ... Das ist jedoch nichts Neues, denn als in England die Tea Gardens in Mode kamen, paßte sich die Kleidung dem Stil der Teezeremonie an.

Legendenhafter Ursprung

Im Jahre 2737 v. Chr. lebte der Kaiser Shen Nong, der einen menschlichen

Kopf, aber den Körper einer Schlange besaß und als »Erfinder des Ackerbaus« verehrt wurde, südlich des Gelben Flusses. Er reiste viel und weit, um die entlegensten Winkel seines großen Reiches

zu besuchen. Auf seinen Reisen stärkte er sich mit abgekochtem Quellwasser. Als er sich eines Tages im Schatten eines Baumes ausruhte, fielen ein paar Blätter, die vermutlich bereits welk waren, vom Baum und in das Wasser, das gerade über dem Feuer kochte. Das Wasser erhielt einen schönen Bernsteinton und strömte einen angenehmen Duft aus. Der Kaiser wurde neugierig und trank von dem Aufguß. Er liebte den Geschmack und fühlte sich zudem erfrischt und gestärkt. An jenem Tag trat der Tee seinen Siegeszug um die Welt an.

Eine andere Legende erzählt von Darma, dem dritten Sohn des indischen Königs Kosjuwo, der lange Zeit in China lebte. Die Person Darmas ist historisch belegt und spielte eine bedeutende Rolle für die Verbreitung des Buddhismus. Als buddhistischer Mönch verbrachte Darma lange Nächte im Gebet und in Askese. Eines Nachts wurde er jedoch vom Schlaf überwältigt. Außer sich vor Zorn über sich selbst, soll er sich die Augenlider ausgerissen und weggeworfen haben. Am nächsten Morgen stand an jener Stelle ein immergrüner Strauch, dessen Blätter den Schlaf vertreiben.

Entstehung einer Tradition

Tee war in China bereits vor 5000 Jahren bekannt. Anfänglich galt Tee als wertvolle Energiequelle für langes Meditieren. Er ist daher eng mit der Entstehung des Zenbuddhismus verknüpft.
Zur Zeit der Drei Reiche wird Tee erst-

mals als Getränk im *Sanguo zhi* (»Erinnerung an die Drei Reiche«) erwähnt, das Chen Shou vor dem Jahr 297 verfaßt hat. Obwohl Tee wegen seiner wohltuenden Wirkung bereits seit undenklicher Zeit bekannt und geschätzt war, erfuhr er erst während der Tang-Dynastie (618–907) allgemeine Verbreitung.

Das bei Hof höchst gepriesene Getränk fand im ganzen Reich, in Tibet und bei den Nomadenvölkern so viele Anhänger, daß einige Kaufleute bei dem Literaten Lu Yu ein Werk über den Tee in Auftrag gaben. Um 758 entstand *Chajing* (»die Heilige Schrift über den Tee«), die wichtigste Abhandlung, die jemals über den Anbau, die Vorbereitung und Verwendung von Tee geschrieben wurde und die die gesamte Teekultur und ihren Geist nachhaltig beeinflußte.

Lu Yu schreibt in seinem Werk, das in

Wirklichkeit eine wahre Hymne an das Getränk ist, »das den Schlaf von den Lidern nimmt«, daß Vollkommenheit in den Grundelementen gesucht werden muß: Wasser, Feuer, Holz, Metall, Erde – also die Zutaten und die Instrumente, die in ihrer Ausgewogenheit das richtige Verfahren ergeben –, damit eine Tasse Tee die Ordnung widerspiegelt, die das Universum lenkt. Lu Yu lehrt außerdem, daß Umstände und Ort des Teegenusses unwesentlich sind. Tee kann man überall, selbst im Freien zubereiten, und es gibt keinen mehr oder weniger geeigneten Zeitpunkt. Für Lu Yu gab es noch keinen *Five o'clock tea.* Nur wenn »in Anwesenheit eines Königs oder Fürsten auch nur eines der vierundzwanzig notwendigen Instrumente fehlt, ist es besser zu verzichten«.

Zu jener Zeit war der Teeanbau bereits in weiten Teilen Chinas und auch am Oberlauf des Jangtsekiang verbreitet.

Zu den Anhängern Lu Yus gehörte Lu T'ung. Er lebte Ende des 8. Jahrhunderts zurückgezogen in der Provinz Henan, wo er zu einem der größten Teemeister aufstieg. Sein Ritual wurde genau festgelegt, und das schlichte Getränk wurde unverzichtbar für alle Schöngeister.

Infolge der zunehmenden Verbreitung wurde der Teehandel Staatsmonopol und kräftig besteuert.

Den drei wichtigsten Dynastien Tang, Sung und Ming entsprechen drei verschiedene Teeschulen, doch vor allem unter der Sung-Dynastie stieg die Teezubereitung in den Rang einer hohen Kunst auf. Kaiser Hui Tsung (1100 bis 1126) förderte die Suche nach der vollendeten Teezeremonie und verfaßte sogar

selbst eine Schrift zum Thema. Unter dem Einfluß der philosophischen Strömung des Taoismus diente die Teebereitung zu jener Zeit mehr und mehr der Sublimation des menschlichen Geistes. Während der Ming-Dynastie (1368 bis 1644) fand China nach den Mongoleninvasionen seine politische Stabilität wieder. Die Teeproduktion stieg, die Teerituale änderten sich. Auf den pulverisierten und aufgeschlagenen Tee folgt nun Tee als Aufguß, wie man ihn auch

heute noch in fast allen Teilen der Welt trinkt. Zu jener Zeit löste außerdem der schwarze Tee den grünen Tee ab.
In China wurde Tee zu einem Grundnahrungsmittel wie Reis oder Salz. Während der Kulturrevolution wurde die Teebereitung und die Entspannung, die darauf folgt, als unproduktives Vergnügen angesehen, so daß Tee nur noch im privaten Rahmen getrunken werden konnte. In den letzten Jahren haben die Teehäuser jedoch wieder ihre Pforten geöffnet.

Tee in Japan: steigende Verehrung

Während in China der Tee auf eine lange Tradition zurückblickt und das Anbieten einer Tasse Tee als Zeichen der Freundschaft gilt, wurde in Japan das Teetrinken zur heiligen Zeremonie erhoben.
Kaiser Shomu (724–748) reichte als erster hundert Priestern, die geladen waren, um die buddhistischen Schriften zu deuten, Tee. Doch die Verehrung der Japaner für das jadegrüne Getränk war keine Liebe auf den ersten Blick; vielmehr mußten mehrere Jahrhunderte vergehen, bevor es sich allgemein durchsetzte.
Die ersten Samenkörner des Teestrauchs wurden vom buddhistischen Heiligen Saicho, dem Begründer der Tendai-Sekte, in den Falten seiner gelben Weste nach Japan gebracht.

Tee wurde erstmals während der Heian-Zeit (794–1185) angebaut, konnte sich aber nur langsam verbreiten. 1168 begann Eisai, der die Zen-Sekte in Japan einführte, auf der Insel Kyushu mit dem Anbau von Tee, den er selbst aus China mitgebracht hatte. Die heutigen Teeplantagen von Uji (nach dieser Stadt ist ein wichtiges Teeanbaugebiet benannt) stammen noch von den Samen, die Eisai eingeführt hatte.
Bei den Zen-Mönchen erfuhr der Tee rasche Verbreitung, denn er galt als Stärkungsmittel und wurde schließlich sogar Bestandteil der Zen-Disziplin.
Die Bürgerkriege, die das Land verwüsteten, beschleunigten die Verbreitung des Getränks, da nun jedes Mittel recht war, um Not und Elend zu lindern. Tee

wurde somit zum Getränk für alle Klassen der Gesellschaft. Während der Muromachi-Zeit (1336–1573) wurde die Teezeremonie nach den klassischen Regeln des berühmten Meisters Sen no Rikyû festgelegt. Definitiv durchsetzen konnte sich die Zeremonie schließlich in der Edo-Zeit (1615–1868).

Tee in Europa

Europa war ständig auf der Jagd nach neuen Emotionen und wurde vom diskreten Charme des Tees im Sturm erobert. Besonders England war dem neuen Getränk sofort verfallen.

Die ersten Meldungen über das Getränk gelangten durch die Araber, die seit dem 9. Jahrhundert die Handelsstraßen nach Fernost kontrollierten, nach Europa.

Die Reisechronik von Ibn Wahab aus dem Jahr 879 schildert, daß die größten Einnahmen des Kaisers von China aus den Abgaben für Salz und Tee stammten. In Europa wußte man im 13. Jahrhundert, daß chinesischer Tee nach Persien eingeführt wurde.

Der Venezianer Giambattista Ramusio erzählt 1559 in seinen Memoiren von einem persischen Kaufmann namens Hadschi Mohammed, der Tee und Rhabarber nach Europa eingeführt haben soll. Zu jener Zeit wurde das exotische Getränk in Reiseberichten immer häufiger erwähnt.

1606 importierte die holländische Ostindien-Kompanie erstmals grünen Tee aus China. Er galt damals weniger als Getränk denn als Heilmittel gegen Verstopfung. Manch andere kurierten damit Bronchitis und Gicht.

In Holland etablierte sich Tee dank der Ärzteschaft, die das Getränk in den höchsten Tönen lobte, recht schnell. Die holländischen Kaufleute erkannten zudem rasch, daß der Handel mit Tee ebenso ergiebig sein würde wie der Gewürzhandel, und ließen seit 1630 auf jeder Fahrt kleine Mengen Tee importieren.

Seit 1635 ist der Teegenuß in Amsterdam, London und Paris belegt. Die therapeutischen Eigenschaften des Tees waren jedoch Gegenstand langer Auseinandersetzungen (so unter den Gelehrten an der Sorbonne). Das Getränk war wie Schokolade und Kaffee sehr teuer und daher zunächst nur den wohlhabenden Schichten vorbehalten. Niemand konnte sich jedoch der Faszination

des bernsteinfarbenen Gebräus entziehen. Bereits 1637 orderte die holländische Ostindien-Kompanie bei ihren Schiffen nicht nur chinesischen, sondern auch japanischen Tee, um einem gestiegenen Interesse an unterschiedlichen Teesorten Rechnung zu tragen.

Im 17. Jahrhundert wurde Holland durch Seehandel und Teeimporte reich, und Mitte des Jahrhunderts konnten sich auch einfachere Schichten das Getränk leisten. Von Holland gelangte die erste Dose Schwarztee nach England. Wer hätte je gedacht, daß diese einfachen Blättchen aus Fernost gewaltigen Reichtum bringen, eine Gesellschaft mit so fest verwurzelten Traditionen wie in England umkrempeln und Auslöser für die

amerikanische Unabhängigkeit sein würden?
Seit dem ersten öffentlichen Verk würden?auf, der 1657 in einem Londoner Café erfolgte, war England dem Tee verfallen. Die Regierung belegte die Importe sofort mit Steuern. Jeden Morgen maß der Steuerbeamte die genaue Teemenge ab, die in den Cafés gebraut werden durfte, und trieb die entsprechenden Abgaben ein. Ende des 17. Jahrhunderts versuchte man vergeblich, den Tee in England selbst anzubauen.
Der Weg des raffinierten Getränks führte natürlich auch ins Königshaus. Die Mode kam in der Tat durch Katharina

von Braganza, die Gemahlin Karls II., auf, die sich hemmungslos für Tee begeisterte. Der Adel und die Intellektuellen fanden den Tee verführerisch und so geheimnisvoll, daß er schnell zum idealen Begleiter für ihre ausgedehnten Diskussionen wurde.
Thomas Twining schenkte 1706 als erster

in seinem *Tom's Coffee House*, das in aller Welt berühmt wurde, den Tee in Tassen aus. Die anderen Kaffeehäuser, in denen nur Männer verkehrten, zogen bald nach. Einige Häuser ließen als besonderen Clou den Tee von hübschen Mädchen servieren, die den Kunden dann auch Gesellschlaft leisteten.
1717 eröffnete Thomas Twining *The Golden Lyon*, das erste Geschäft, das Tee und Kaffee offen und in kleinen Mengen an Privathaushalte verkaufte. In seinem Ladengeschäft, das heute noch existiert, gab es auch einen Ausschank, an dem die Damen den Tee probieren konnten.
Die hohen Zölle, die auf den Teeimpor-

ten lagen, förderten den Schmuggel. Der »zollfreie« Tee wurde nächtens an der Küste von Cornwall oder Wales abgeladen, in Felshöhlen und später in den Krypten alter Kirchen versteckt. Die Preise sanken, so daß Tee auch bei den einfacheren Schichten Einzug hielt. Das britische Schatzamt und die Indienkompanie erkannten, daß nur eine Abgabenbefreiung die Konkurrenz durch Schmuggelware beseitigen konnte. 1784 schaffte Premierminister William Pitt den Einfuhrzoll ab.

Neue Handelsbeziehungen

Inzwischen hatte der Staat die Führung der Indienkompanie übernommen und versuchte, die Handelsbeziehungen zu China zu verbessern, da China das einzige Land war, in dem Tee angebaut wurde. Doch die Grenzen nach China waren verschlossen. Der Hafen von Kanton wurde von Hanisten kontrolliert. Diese Funktionäre entrichteten Abgaben an den Kaiser und erhielten dafür das Handelsmonopol über Kanton; kein Europäer durfte die Stadt betreten.
England versuchte das chinesische Monopol zu umgehen und beschloß, Tee in seinen eigenen Kolonien anzubauen. Man begann in Indien, wo der Gouverneur Lord Bentick 1843 das Teekomitee ins Leben rief. Dieser Ausschuß legte

die ersten Teeplantagen des britischen Weltreichs an.
Robert Fortune reiste 1848 im Namen des Komitees nach China. Nach einem abenteuerlichen Aufenthalt im Reich der Mitte weihte er Engländer und andere Europäer in die Geheimnisse des chinesischen Tees ein. Fortune entdeckte eine sagenhafte Welt. Als chinesischer Mandarin verkleidet, sah er die Teefabriken in der Hügellandschaft, untersuchte Böden, Erntemethoden und Veredelungsverfahren und erkannte, daß der Geschmack des Aufgusses entscheidend von der Wasserqualität beeinflußt wird. Nach seiner abenteuerlichen Reise, bei der er zahlreiche Teesamen sammelte, schiffte er sich nach Kalkutta ein. Es begleiteten ihn mehr als vierhundert chinesische Fachleute, die die Arbeiter in den neuen Plantagen in Nordwestindien unterweisen sollten.
1823 hatte die Ostindienkompanie bereits entdeckt, daß der Teestrauch in Assam wild wächst. Zehn Jahre später bestätigte das Teekomitee das Vorkommen der Pflanze.
Die Samen wurden von Fortune in speziell konstruierten Kassetten verschifft, damit sie den Transport unbeschadet überstanden. In Indien fanden die jungen Pflänzchen ideale Wachstumsbedingungen vor. So entstanden die ersten englischen Plantagen. 1838 verließ die *Calcutta* Assam mit zwölf Truhen Tee an Bord und nahm Kurs auf London, wo im

Januar 1839 die erste Versteigerung stattfand. Der Tee des British Empire war Realität geworden. Wenige Jahre später verlor der chinesische Tee seine Bedeutung für den europäischen Markt. Auf der Insel Ceylon, dem heutigen Sri Lanka, die 1796 der englischen Indienkompanie zugeschlagen wurde, baute man Kaffee an. 1869 vernichtete dann eine Krankheit sämtliche Kaffesträucher. Dank der Experimente des Schotten James Taylor wußte man jedoch, daß auf der Insel auch Tee gedieh, so daß man die Plantagen umgestalten ließ. Ceylontee erhielt seine erste Anerkennung 1893 auf der Weltausstellung von Chicago. Ceylon wurde zur Teeinsel.
Nach der Pionierzeit brach die Zeit der Kaufleute an. Schon bald verdrängten ihre Embleme den Namen des Ur-

sprungslands auf dem Etikett. Dank des schwunghaften Teehandels konnten sich die innovationsfreudigsten Firmen durchsetzen. Einer der ersten war Julius Drewe, der 1878 in Liverpool seinen *The Willow Pattern Tea Store* eröffnete. Auch Tom Lipton gelang es, seinen Namen untrennbar mit Tee zu verbinden. Ceylon wurde praktisch zu einer Kolonie Liptons. Er ließ seine Plantagen nach selbst heute noch modern anmutenden Gesichtspunkten umorganisieren.

Er führte Maschinen und Geräte ein, die die einzelnen Schritte erleichterten: Maschinen zum Aufrollen der Blätter, Trocknungsanlagen, Lastenaufzüge, die die Ernte in die Fabriken beförderten. Dank dieser Innovationen sanken die Teepreise. Lipton brachte außerdem Mischungen auf den Markt, die der Wasserqualität verschiedener Städte angepaßt waren, und setzte sich für den Verkauf in verschlossenen Beuteln ein. Diese Teebeutel wurden von einem Kaufmann namens Horniman von der Isle of Wight eingeführt, garantierten korrekt abgewogene Mengen und Qualität und schützten vor Fälschungen.

In ganz Europa, von Paris bis Sankt Petersburg, war man inzwischen verrückt nach dem aromatischen und wohlriechenden Tee. Ab 1850 läßt sich eine zunehmende Vereinheitlichung des Geschmacks verzeichnen. England, das den Teeanbau in seinen Kolonien eingeführt hatte und daher über das Monopol verfügte, setzte seinen Geschmack durch.

Die Tea-Clipper

Nach dem Unabhängigkeitskrieg begannen die Amerikaner mit dem Bau schneller Segelschiffe, der sogenannten Clipper, mit denen sie sich in kürzester Zeit mit Importgütern wie Tee versorgen konnten. Clipper waren leichte Schiffe, die an die Korsarenschiffe erin-

nerten, die im Krieg die britische Flotte getäuscht hatten.
1850 lief der erste amerikanische Clipper mit einer Ladung Tee in London ein. Das Schiff hatte für seine Überfahrt von Hongkong nur 97 Tage benötigt.
Die Briten mußten auf diese Herausforderung reagieren und ihre Flotte modernisieren. Zwischen 1850 und 1870 entstand somit die schönste Flotte, die je auf den Weltmeeren gesegelt war. Diese herrlichen Schiffe aus Aberdeen, Glasgow und Liverpool segelten schon bald um die Wette, was für Gewinner und Verlierer mit viel Geld verbunden war.
Alljährlich wurde auf dem Weg von China nach England das Wettsegeln um den Tee ausgetragen. Die erste Ladung der neuen Ernte diktierte die Preise und erhielt eine Prämie von 10 Schilling pro Tonne, und der Kapitän des siegreichen Tea-Clippers erhielt ein Preisgeld von 100 Pfund Sterling.
Die Eröffnung des Suezkanals und das Aufkommen von Dampfschiffen beendeten später die Karriere der Clipper.

VON DER PLANTAGE ZUM VERBRAUCHER

Der Teestrauch

Der Teestrauch ist eine immergrüne Pflanze aus der Familie der *Theaceae*. In der freien Natur wächst der Teestrauch mehr als zwanzig Meter hoch, in den Plantagen wird er auf Strauchhöhe gestutzt, um die Ernte zu erleichtern. Seine Blüten ähneln der Hundsrose.
Die Teepflanze gedeiht in tropischen und subtropischen Gebieten, liebt sauren Boden und benötigt mindestens 125 Zentimeter Niederschläge pro Jahr, um die zarten Blättchen und Triebe auszubilden, die man *flush* bezeichnet.

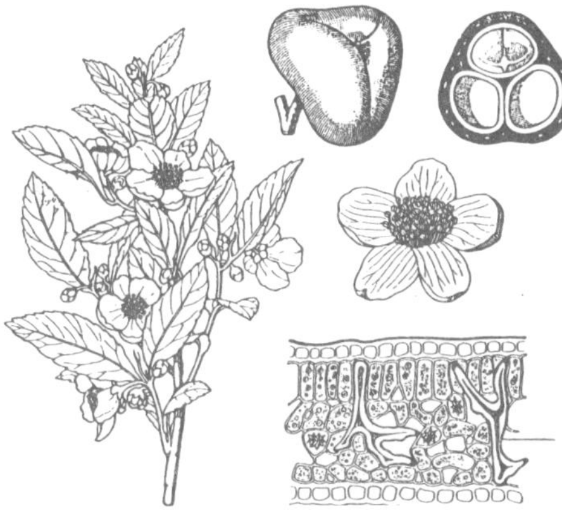

Das Getränk wird aus den Blättern der *Camellia sinensis* (chinesischer Tee) und der *Camellia assamica* (Assamtee) gewonnen. Chinesischer Tee besitzt glänzende, dunkelgrüne Blätter und blüht früh und reichlich. Die Pflanze ist weniger empfindlich gegen Kälte und Trockenheit und wird in den ältesten Teeregionen der Welt angebaut. Die Assam-Sorte hat glänzende, hellgrüne Blätter, die mit bis zu 20 Zentimeter wesentlich größer ausfallen als beim chinesischen Tee. Die Pflanze blüht spät und weniger reichhaltig. Sie gedeiht in den Tropenregionen, in denen der Tee eingeführt wurde. Heute gibt es kräftige und ertragreiche Klone von hoher Qualität, die auf die Anbaubedingungen abgestimmt wurden.

In den meisten Plantagen pflanzt man Setzlinge, die bis auf eine Größe von 30 Zentimeter in offenen Baumschulen herangezogen werden.

Nach zwei Jahren werden die Pflanzen erstmals beschnitten, die erste Ernte erfolgt nach vier oder fünf Jahren.

Die Ernte

Die traditionelle Tee-Ernte, das Pflükken (englisch: »plucking«) erfolgt fast ausschließlich von Hand und wird in der Regel von Frauen erledigt. Nur sehr selten sieht man einen Mann beim Teepflücken, denn angeblich sind es die flinken Frauenhände, die für gute Erträge ohne Qualitätseinbußen sorgen. In Wirklichkeit ist die schlechte soziale Stellung der Frau für diese Arbeitsteilung verantwortlich. Eine erfahrene Pflückerin kann bis zu 50 Kilogramm am Tag ernten, wobei eine Pflanze täglich etwa 100 Gramm liefert.

Das Pflücken erfolgt nach bestimmten Kriterien und genau festgelegten Bewegungsabläufen: mit schnellen und präzisen Handgriffen erntet die Pflückerin nur die jüngsten Blätter.
Die besten und darum teuersten Tees enthalten nur die Knospen und die ersten beiden Blätter, für gewöhnlichere

Tees werden die Triebe mit bis zu fünf Blättern gepflückt.
Jede Pflückerin erntet durchschnittlich 50 000 Triebe pro Tag. Die vollen Körbe werden auf dem Rücken zu einer Sammelstelle getragen, wo nach Gewicht ein spärlicher Pflückerlohn ausbezahlt wird.
In den Plantagen auf Meereshöhe kann alle vier Tage geerntet werden, während in höher gelegenen Pflanzungen nur alle zwölf bis vierzehn Tage gepflückt wird. In einigen Ländern kann die Ernte das ganze Jahr über erfolgen, in anderen wieder nur zu bestimmten Jahreszeiten.
Eine Kuriosität am Rande: Für den chinesischen Kaiser Hui Tsung, Verfasser einer »Abhandlung über den Tee«, die zur Bibel für alle passionierten Teetrinker wurde, war eine Pflückung nach ganz strengen Regeln reserviert. Jungfräuliche Mädchen trennten mit Handschuhen und goldenen Scheren nur die Endknospe und das letzte Blatt ab, legten ihre Ernte auf einem goldenen Tablett zum Trocknen aus und gossen sie dann in die Tasse des Kaisers.

Der Teegeschmack

Der Teegeschmack hängt nicht so sehr von der Pflanzensorte, sondern von der Höhe ab, in der die Pflanze gedeiht – je höher, um so höher auch die Qualität –, außerdem von Bodenzusammensetzung,

Klimaverhältnissen und Behandlung der Blätter nach dem Pflücken. Erst durch die Behandlung ergeben die Teeblätter das vielseitige und auf der ganzen Welt so beliebte Getränk: morgens kräftig und belebend, nach dem Essen leicht und verdauungsfördernd, tagsüber erfrischend, vitaminreich und durstlöschend, abends süß und duftend.

Die Pflanze schenkt uns mehr als 1500 verschiedene Teetypen; in China allein gibt es mehr Teesorten als Weine in Frankreich.

Jedes Anbaugebiet bringt einen einzigartigen Tee hervor, dessen Geschmack mit den Jahreszeiten wechselt; außerdem besitzen die Endknospe und die Blätter einer einzelnen Pflanze unterschiedliche Eigenschaften.

Tee aus dem Flachland, Tee aus dem Hochland, Frühlingstee aus dem Himalaya oder goldener Tee vom schönen singhalesischen Sommer: Jede Ernte bringt ihre unverwechselbaren Eigenschaften zum Ausdruck. Es gibt Tees von herausragender Qualität, die sich mit

großartigen Weinen vergleichen lassen, und gewöhnlichere Tees, die man wie einen Tischwein jeden Tag trinken kann. Und wie Wein wird auch Tee zu verschiedenen Speisen kombiniert, die seine Besonderheiten ins rechte Licht rücken.
Nach den traditionellen Behandlungsmethoden erhält man aus den Blättern drei verschiedene Grundtypen: schwarzen oder fermentierten Tee, grünen oder nicht fermentierten Tee und Oolong- oder halbfermentierten Tee.

Schwarzer Tee

Schwarzer Tee ist im Westen weiter verbreitet als grüner Tee. Er besitzt einen zarten Duft und einen weichen Geschmack, der gut zu zuckerhaltigen Speisen paßt.
Die Herstellung von schwarzem oder fermentiertem Tee erfolgt in fünf Phasen. Nach der Ernte werden die Blätter zum Trocknen nebeneinander ausgebreitet, damit sie nicht brechen.
Früher legte man die Blätter auf Tabletts, die so gestapelt wurden, daß heiße Luft zwischen ihnen zirkulieren konnte. Heute erfolgt die Trocknung in Welktrögen und dauert nur noch sechs Stunden gegenüber den vierundzwanzig Stunden, die die traditionelle Methode beanspruchte. Dann werden die Blätter einzeln aufgerollt; die danach einsetzende

Oxidation bricht die Zellstrukturen der Blätter auf, wodurch die für das Aroma verantwortlichen ätherischen Öle freigesetzt werden.
Bei gewöhnlichen Tees erledigen heute Wickelmaschinen diese Aufgabe; nur die edleren Tees werden noch wie früher von Hand gerollt. Die Blätter werden nun getrennt und sortiert. Ob ein Blatt ganz oder gebrochen, groß oder klein ausfällt, macht bei der Klassifizierung einen bedeutenden Unterschied.
Es folgt nun das Fermentieren, das dem schwarzen Tee seine typische Farbe und sein Aroma verleiht. Die Blätter kommen in Kammern mit 90% Luftfeuchtigkeit und einer konstanten Temperatur von 22–28°C. Die Dauer der Fermentation beträgt eine bis drei Stunden und wird von den *tea makers* festgelegt. Danach werden die Blätter sorgfältig getrocknet, damit der Tee einerseits nicht zu schimmeln beginnt, andererseits aber sein Aroma nicht verliert.

Grüner Tee

Grüner Tee besitzt einen leicht säuerlichen, bitteren und adstringierenden Geschmack und einen angenehm frischen und aromatischen Duft. Die Blätter werden nicht fermentiert, sondern nach dem Pflücken nur kurz sehr stark erhitzt. Dabei zerstört man die Enzyme und verhindert die Fermentation und Oxidation des Tannins. Dann werden die Blätter aufgerollt und getrocknet. Während dieser Verarbeitungsphase erhält der Tee seine endgültige dunkelgrüne Farbe. Danach werden die Blätter nach ihrer Größe sortiert und eventuell gefärbt und aromatisiert.
In Japan wird ausschließlich grüner Tee in vielen Spielarten hergestellt. Dazu zählt auch Matcha, grünes Teepulver, das in der japanischen Teezeremonie Verwendung findet. Grüner Tee wird außerdem in Rußland, einigen Regionen Chinas und in verschiedenen arabischen Ländern getrunken. Grüner Tee aus China ist meist von höherer Qualität und

wird in der Regel in glatten Blättern angeboten. Die Farbe des Aufgusses reicht von orangegetöntem Grün bis zu zartem Rosa, während grüner Tee aus Japan jadegrün aussieht und nach frisch gemähtem Gras schmeckt. Die Qualität erkennt man am Aroma, das kräftig und langanhaltend sein muß.

Der grüne Tee, der in China und Japan für den Binnenmarkt produziert wird, besitzt eine kräftige und leuchtende Farbe, die durch ein spezielles Verfahren und die Zugabe von Indigo erreicht wird. Grüner Tee für den Export besitzt eine strohgelbe Farbe.

Nicht fermentierte Tees trinkt man pur ohne Milch und Zucker. Sie wirken verdauungsfördernd und sind reich an Vitamin C.

Oolong und andere Tees

Oolong ist halbfermentierter Tee und stellt damit eine Mischform zwischen

grünem und schwarzem Tee dar. Die Fermentation wird auf halbem Weg unterbrochen, so daß der Tee wie eine Mischung aus grünem und schwarzem Tee schmeckt. Getrockneter Oolong wird nicht nach Blattgröße sortiert und nur in ganzen Blättern angeboten.
Weitere bedeutende Teesorten sind die parfümierten Tees, die in Indien und Europa getrunken werden. Sie erhalten ihr ausgeprägtes Aroma durch die Zugabe von Blüten, Früchten und Gewürzen. In den letzten Jahren erfuhr die Teeverarbeitung durch eine neue Maschine mit dem Kürzel CTC (*cut, tear, curl* – schneiden, reißen, rollen) eine wesentliche Veränderung und geht nun sehr viel schneller vonstatten.
Bei einem Wettbewerb, der alljährlich in Hangzhou ausgetragen wird, wurden jüngst 185 verschiedene Teesorten aus 15 verschiedenen Provinzen Chinas vorgestellt.

Weißer Tee, eine Rarität

Weißer Tee gehört zu den edelsten Tees der Welt und ist absoluten Kennern vorbehalten. Er wird nur in sehr geringen Mengen produziert und gelangt nur selten in den Handel. Der Tee wird völlig unbehandelt genossen, denn seine Spitzenqualität kommt von den weißen Knospen. Verwelkt und getrocknet ergeben sie einen Aufguß von sehr heller

Farbe und zartem Geschmack. Die Qualitätsstufe *Yin Zhen*, wörtlich »Silbernadel«, stammt aus einer »Kaiserernte«, die im Morgengrauen an nur zwei Tagen im Jahr – von Experten bestimmt – erfolgt. Die Schönheit der silberglänzenden Knospen, der zarte und erfrischende Geschmack lassen den weißen Tee zu einem der wertvollsten und teuersten Tees der Welt werden. Der *Pai Mu Tan*

mit naturbelassenen Blättern ist nicht ganz so hochwertig, besitzt aber immer noch einen wunderbar milden Geschmack.

Teeverkoster

Um die Eigenschaften eines Tees zu beschreiben, bedienen sich die Verkoster der großen Hersteller oder Handelshäuser eines blumigen Vokabulars, wie man es auch in der Weinsprache kennt. Ein

Blatt ist schön »gerundet« oder »verwegen«, junger Tee ist »roh«, reifer Tee dagegen »schmelzend«.
Aus jeder Probe wird ein Aufguß bereitet und in eine Schale gegossen. Der Verkoster nimmt einen Schluck und hält ihn lange im Mund, um die Eigenschaften prüfen zu können.
Bis in die fünfziger Jahre wurde der Tee in Europa nach seinem Ursprungsland klassifiziert: Indien, China, Ceylon genügen letztlich aber nicht, um die typischen Eigenschaften des Getränks zu erfassen. Seither haben westliche Experten ein Regelwerk aufgestellt, die Fermentation, Produktionsverfahren und Reife, Größe und Form der Blätter beurteilt, denn diese Faktoren bestimmen den Geschmack. Das Herkunftsland bestimmt den Charakter. Außerdem gibt es in den klassischen Teeländern unterschiedlich gute Anbauregionen. Die renommiertesten Tees kommen aus Ceylon, China, Taiwan, Indien, Japan.

Die Qualität des Tees

Die Qualität eines Tees wird von all seinen Bestandteilen bestimmt: Farbe und Stärke hängen vom Gehalt an Therubigin und Theflavin ab, die bei der Fermentation der Tannine anfallen; die belebende Wirkung wird durch das Koffein erzielt, während die ätherischen Öle für den Duft verantwortlich zeichnen.

Lange Zeit schätzte man im Abendland hauptsächlich den »Karawanentee«. Der Transport auf dem Landweg von China nach Europa durch die Wüsten und Hochebenen Zentralasiens war für die Teeblätter in der Tat besser als auf dem Seeweg.

Für die besten handgepflückten Tees werden nur die ersten beiden Blätter und eine Knospe verwendet. Ein guter Tee hat nicht zu kleine Blätter und besitzt keine bröseligen Rückstände. Der Aufguß muß duften und hell und klar aussehen. Damit sich der zarte Duft nicht verliert, sollte man Teeblätter an einem trockenen Ort luftdicht verschlossen aufbewahren.

Auf den Teedosen vermerkt man neben dem Herkunftsland die Qualitätsstufe des Tees.

Unbroken: schwarzer Tee aus ganzen, mittelgroßen, kurzen und langen Blättern; *broken:* gebrochene Blätter; *fannings:* Blattstückchen; *dust:* Teestaub, pulverfeiner Tee. Diese Gradierung (englisch: *grading*), die in vielen Betrieben noch von Hand erfolgt, betrifft nur den schwarzen Tee. In Indien gibt es eine Werteskala mit fortlaufenden Nummern: 1–3 für ganze Blätter, 4–9 für - *Broken Tea*. Die letzten Tees sind sehr ergiebig und stellen den Löwenanteil der Produktion dar.

Hinter Kürzeln wie F.O.P., G.F.O.P. oder F.T.G.F.O.P. und O.P. verstecken sich der Reifegrad und die Formdes Blattes.

Flowery Orange Pekoe oder F.O.P. steht für eine frühzeitige Ernte noch nicht geöffneter Endknospen und der letzten beiden Blätter am Zweig. »Pekoe« leitet sich aus dem Chinesischen ab und bezeichnet den weißen Flaum, mit dem die Knospen überzogen sind. »Orange« steht für die Fürsten von Oranien.

Vom *Golden Flowery Orange Pekoe*, G.F.O.P., bis zum *Finest Tippy Golden Flowery Orange Pekoe*, F.T.G.F.O.P., reichen die Qualitätsstufen bis zu einem feinen und hocharomatischen Tee. Der *Orange Pekoe*, O.P., ist ein Tee aus feiner, aber später Pflückung.

Andere ganzblättrige Schwarztees kommen aus weniger feinen Pflückungen; so z.B. der *Pekoe* aus dem dritten Blatt, der für Mischungen verwendet wird, oder

der *Souchong*, der wegen seines holzigen Aromas zu den geräucherten Tees zählt. Mit *broken* bezeichnet man einen Schwarztee aus Blättern, die während des Aufrollens und Schneidens fein zerstoßen wurden. Brokens nehmen einen großen Anteil an der heutigen Teeproduktion ein; sie schmecken kräftig und nach Tannin. Der beste Broken kommt von einem Orange Pekoe und wird mit B.O.P. bezeichnet.
Fannings, F., und Dust, D., die aus zerriebenen Blättern gewonnen werden, wandern in Teebeutel, weil sie einen starken und kräftigen Tee ergeben.
Broken Orange Pekoe Fannings, B.O.P.F., ist die drittletzte Güteklasse

indischer Tees und wird hauptsächlich für Teebeutel verwendet.

Teeblender

Tee ist ein Naturprodukt und schwankt daher in Geschmack und Aroma. Die Handelshäuser müssen jedoch gleichbleibende Qualität gewährleisten, weshalb Tees in der Regel gemischt werden.

Das Mischen eines Tees ist eine heikle Angelegenheit. Die Teeblender (von englisch: *to blend* = mischen), mischen manchmal auch mehr als zwanzig oder dreißig verschiedene Teesorten, bis sie eine Mischung erhalten, die in Qualität und Preis konstant bleibt. Das Mischen ist eine regelrechte Kunst. Die Blender erfinden auch neue Mischungen mit außergewöhnlichem Geschmack. Die großen Häuser mischen nach geheimen Rezepturen berühmte Sorten aus indischem und chinesischem, grünem und schwarzem, starkem und mildem Tee.

Teemischungen

In England und Westeuropa trinkt man im allgemeinen eine Teemischung.
Die großen Teehändler in London oder Paris legen zahllose verschiedene Mischungen vor. Einige von ihnen erinnern mit ihrem Namen an das Ursprungsland, andere haben Namen, die der Phantasie oder ihrem Verwendungszweck entspringen (*Breakfast Tea*), während wieder andere nur eine Nummer tragen. Die Ernten fallen wie beim Wein nicht nur nach Jahrgang und Verarbeitung, sondern auch je nach Klima und Lage unterschiedlich aus. Die Mischungen garantieren gleichbleibende Eigenschaften über die Jahre hinweg. Die berühmteste Mischung ist auf der ganzen Welt bekannt. *English Breakfast Tea* wird aus Ceylon-

und indischem Tee gemischt und ergibt ein Getränk mit intensivem Duft und körperreichem Geschmack.

Parfümierte Tees

Zu den bekanntesten parfümierten Tees gehört der Earl Grey, der mit Bergamotteöl versetzt und nachmittags getrunken wird. Seinen Namen und seinen Ruf ver-

dankt er Earl Edward Grey von Fallodon, dem ein chinesischer Mandarin diese Mischung gewidmet hat. Der Edelmann schenkte diesen Tee dann einer englischen Firma. Jasmin- oder Rosentees werden meist direkt auf den chinesischen Plantagen nach alten Rezepten hergestellt. Der Goût Russe war wegen seines Geschmacks nach Zitrusfrüchten

ein Modetee in der russischen Gesellschaft des 19. Jahrhunderts.
In den sechziger Jahren kamen in Europa alle möglichen parfümierten Tees in Mode. Heute gibt es verschiedene Tees im Handel, die mit Kräutern oder Früchten aromatisiert wurden.
Mit einer guten Teemischung und einem feinen Gaumen kann man den Tee für jeden persönlichen Geschmack selbst herstellen, indem man aromatische Kräuter in den bereits fertigen Aufguß gibt. Für den persönlichen Tee gilt es nur wenige Regeln zu beachten: auf die Tageszeit, zu der der Tee getrunken werden soll, abstimmen; keine starken Tees mischen; eine neutrale Basis wie chinesischen, afrikanischen oder indischen Tee verwenden, der zwar keinen ausgeprägten Charakter hat, dem Aufguß aber eine schöne Farbe verleiht.

Eistee

Obwohl die Amerikaner nicht unbedingt als Teefanatiker gelten, verdankt die Welt ihnen die Teebeutel und den Eistee. 1904 hatte sich Richard Blechynden vorgenommen, indischen Schwarztee dem amerikanischen Publikum vorzustellen. Auf der Weltausstellung von St. Louis herrschte sengende Hitze, die Besucher zeigten kein Interesse an einem heißen Getränk. Der Kaufmann, der seine Geschäfte bereits dahin-

schmelzen sah, gab kurzerhand zwei Eiswürfel in ein Glas und übergoß sie mit Tee. Der Eistee war geboren. Er löschte den Durst der Messebesucher und eroberte die heißen Südstaaten im Sturm.

Herstellung und Verbrauch

In China, wo Tee erstmals gezielt angebaut wurde, stellt man die meisten Sorten her. Aufgrund des hohen Verbrauchs im Land selbst steht China bei den Exporten weltweit nur an dritter Stelle. Indien produziert die größten Mengen Tee und bestreitet mit Ausfuhren in nahezu 80 Länder 30 Prozent des Weltmarkts.

Es folgt Sri Lanka, dessen Tee in aller Welt nach wie vor Ceylontee heißt; Kenia forciert seine Teeproduktion gewaltig; danach folgen Indonesien, Türkei, Japan, Iran, Georgien, Argentinien, Bangladesh, Vietnam und schließlich Ostafrika und Papua-Neuguinea, das Schlußlicht bildet Australien.

In den letzten Jahren stieg der Teeverbrauch weltweit merklich an. Schätzungen haben ergeben, daß täglich eineinhalb Milliarden Tassen Tee getrunken werden. Statistiken besagen, daß 74% des Tees in Beuteln verkauft wird, daß mehr Frauen als Männer Tee trinken und die jüngere Generation parfümierte Tees bevorzugt.

Die größten Verbrauchernationen sind das arabische Emirat Katar mit 3,21 Kilogramm Tee pro Kopf, Irland mit einem Pro-Kopf-Verbrauch von 3,9 Kilo und Großbritannien mit 2,81 Kilo. Es folgen die Türkei mit 2,72, der Irak mit 2,51 Kilo, während Frankreich mit nur 170 Gramm am Schluß rangiert.

DIE TEEGÄRTEN

Wir brechen nun zu einer Reise zu den Teeplantagen der wichtigsten Erzeugerländer, den sogenannten Teegärten, auf.

Indien

Darjeeling. An den Hängen des Himalaya gedeiht in 2000 Meter Höhe der Darjeeling. Die Teesorte mit den kurzen Blättern zählt zu den meistgeschätzten Schwarztees der Welt. In den Bergen Darjeelings liegen über sechzig Teegärten, die jährlich mehr als 15 000 Tonnen Tee produzieren. Die Klimaverhältnisse

und die relativ schonende Bodennutzung sowie die Hanglage, die den Einsatz von Maschinen verhindert, bestimmen die hohe Qualität dieses Tees in entscheidendem Maß. Je nach Höhenlage wurden die Sträucher geschickt mit robusteren Assamreisern aufgepfropft, die den Charakter des Tees bestimmen.
Wie beim Wein wechseln auch beim Darjeeling die Eigenschaften des Tees je nach Sonneneinstrahlung und Hanglage, Windverhältnissen und Niederschlägen. Die Unterschiede zwischen den einzelnen Teegärten herauszuschmecken ist für einen Laien äußerst schwierig. Aber mit ein wenig Übung kann man einen *first flush*, die erste Frühjahrsernte, einen *second flush* (beide sind Nachmittagstees) und einen *Darjeeling autumnal*, der im Herbst geerntet wird und einen kupferfarbenen Aufguß mit abgerundetem Geschmack ergibt (man trinkt ihn morgens mit Milch), unterscheiden.
Die *Dooars* stammen aus niedrigeren Lagen, sind kräftig und bunt; mit *Terai* bezeichnet man Flachlandtees mit würzigem und likörähnlichem Geschmack: beides Nachmittagstees. Die *Travancore* aus Südindien besitzen einen kräftigen Geschmack und werden morgens getrunken. Zur Darjeelingfamilie gehören außerdem der *Tumsong* mit einem blumigen Bouquet und der kräftigere *Singbulli*, die beide mit einem Schuß Milch einen idealen *Five o'clock tea* abgeben.

Assam. In Assam hatte man 1823 wild wachsende, 20 Meter hohe Teesträucher entdeckt.
Assam ist eines der feuchtesten Gebiete der Erde und eine sehr spärlich besiedelte Region Indiens. In diesem natürlichen Treibhaus gedeiht ein Drittel der gesamten indischen Teeproduktion mit einem jährlichen Ertrag von ca. 200 000 Tonnen.
In den Gebieten mit den exotisch klingenden Namen wie Rungagora, Betjan, Silonibari erstrecken sich die Teeplantagen bis zum Horizont, aus denen einige der besten Tees der Welt kommen.
Die indischen Tees sind hauptsächlich Schwarztees mit kräftigem Geschmack und intensiver Farbe. In Assam gibt es jedoch auch Schwarztees mit zartem Aroma, die all denen zu empfehlen sind, die sich für Tees mit orientalischen Noten interessieren.

Ceylon

Das heutige Sri Lanka ist die Teeinsel par excellence. Ihre Teegärten liegen in sanft geschwungenen Tälern und sind selten größer als 20 Hektar. Die schönsten Plantagen liegen in Höhenlagen zwischen 1000 und 2500 Meter. Je nach Ausrichtung sind sie den Land- oder Wassermonsunen ausgesetzt. Ceylontee ist bernsteinfarben und besitzt einen kräftigen und adstringierenden Geschmack, dem auch ein Schuß Milch nichts anhaben kann. Zu den berühmtesten Teegärten zählen Uva Highlands und Dyraaba. Die beliebtesten Teesorten sind der *Flowery Orange Pekoe* für den Nachmittag aus dem Allen Valley und aus Berebeula und der Frühstückstee *Broken Orange Pekoe* aus Saint-James und Dimbula.

China

Die echten Teegärten Chinas liegen in abgeschiedenen Gebieten Kontinentalchinas. Kein Besucher hat zu ihnen Zutritt, und die meisten Chinesen kennen nur die staatlichen Genossenschaften, die grünen oder schwarzen Tee herstellen. Tatsächlich werden dort nur geringe Mengen Tee von herausragender Qualität hergestellt, die für hohe Parteikader reserviert sind. Die seltensten und teuersten Tees sind die grünen Sorten, deren

Namen sich wie ein Gedicht lesen: *Pi Lo Chun* (»Jadegrüner Frühlingshauch«) und *Lung Ching* (»Drachenbrunnen«); die allerseltenste und wertvollste Sorte ist jedoch der weiße Tee *Yin Zhen* (»Nadeln der Silbertanne«), für den nur die Knospe gepflückt wird.

Die milden chinesischen Schwarztees werden nachmittags, ohne Milch und Zucker getrunken: *Keemun*, der im Duft an Orchideen erinnert und einen rötlichen Aufguß ergibt, *Lapsang Souchong* mit einem zarten Rauchton, der zu salzigen Speisen und Käse paßt, und *Dong Yang Dong Bai*, einer der besten grünen Tees. Der großartige *Yunnan* mit einem runden und vollen Geschmack und anhaltendem Aroma paßt zu einem süßen Frühstück.

Taiwan

Das sehr feuchte Klima mit Temperaturen zwischen 13 und 28 Grad ist wie geschaffen für den Teeanbau. Hier werden die großen chinesischen Tees kultiviert, die die reichen Kaufleute für ihre anspruchsvollste Kundschaft erwerben.
Auf der Insel gibt es grünen Tee, der wie zur Kaiserzeit von Hand angebaut und gepflückt wird und gar nicht erst in den Handel kommt. Rund hundert Erzeuger liefern den halbfermentierten *Oolong*; aus dem Gebirge stammt der *Ti Kuan Yin* (»die Göttin«), ein halbfermentierter Tee, der angeblich für die vollständige Entschlackung des Organismus sorgt.

Japan

In Japan entwickelte sich die Teekultur in engem Zusammenhang mit den philosophischen Strömungen des Landes, und so sehen auch die Teegärten des Inselstaats aus wie grüne Skulpturen, die das Meditieren fördern.
Der Einsatz hochmoderner Technologien stellt hier keinen Gegensatz zu den überlieferten Traditionen dar. Die Teegärten werden im Winter elektrisch beheizt, und Erntemaschinen pflücken den Tee, ohne dem Erzeugnis zu schaden.
In Japan stellt man ausschließlich grünen Tee her. Japanischer Tee besitzt wenig Tein, aber sehr viel Vitamin C, wirkt

verdauungsfördernd und tonisierend und wird nach einer Mahlzeit und zur Entspannung getrunken. Zucker und Milch verträgt er nicht. Am häufigsten findet man den *Genmaicha*, der mit Puffreis und Mais gemischt wird. Der *Gyokuro* (»edler Tau«) schmeckt feiner und milder und wird nur einmal Ende April oder Anfang Mai nach der Kaisermethode geerntet, d.h. man pflückt nur die Endknospe. Drei Wochen vor der Ernte wird die gesamte Plantage mit Schilfmatten oder schweren Planen abgedeckt, um den Lichteinfall um 90 Prozent zu reduzieren. Die Triebe müssen sich somit im Halbdunkel entwickeln, wobei sie mehr Chlorophyll bilden und eine leuchtendere Farbe bekommen. Der Tanningehalt

bleibt niedrig, der Aufguß entsprechend mild. Zu Pulver zerstoßen, ergibt dieser Tee den *Matcha Uji*, den feinsten unter den *Matchas*, der für die Teezeremonie bestimmt ist. Der Tee ist sehr teuer und daher nur den ganz großen Gelegenheiten vorbehalten.

Zu den gewöhnlicheren Tees gehören der *Hojicha*, der gut zum Essen schmeckt, der sehr weit verbreitete *Sencha* und der *Sencha Honyama*, der zu den großen Tees Japans zählt.

TEE – EIN RITUAL

Faszinierende Teezeremonie

Für die Angehörigen des westlichen Kulturkreises stellt die östliche Teezeremonie ein faszinierendes Erlebnis dar, das man sich nach Möglichkeit nicht entgehen lassen sollte. In der scheinbaren Einfachheit der Gesten, der Gegen-

stände und des Ortes liegt das Bestreben, vollkommene Harmonie mit der Natur herzustellen. Die Zeremonie ist Lichtjahre entfernt vom traurigen Tee, den man im Westen oft im Stehen und voller Ungeduld, weil das Wasser zu heiß zum Trinken ist, zu sich nimmt.

Die Teezeremonie ist eine psychophysische Angelegenheit, die über die reine Gastlichkeit hinausgeht und zur Suche nach dem inneren Selbst, nach Vollkommenheit im täglichen Leben strebt – eine Religion der Lebenskunst.

In Japan wurde die Teezeremonie zu einem Instrument, den Kult der Reinheit und Finesse am Leben zu halten, ein heiliges Ritual, bei dem der Gastgeber und sein Gast sich geistig vereinen, um einen Augenblick intensivsten Glücks und Harmonie zu erleben. Im 16. Jahrhundert wurde diese Kunst durch Sen no Rikyû (1521–1591), den größten Teemeister aller Zeiten, vollendet.

Die Prinzipien, an denen sich die Teezeremonie ausrichtet, erfassen die Existenz in ihrer Gesamtheit. Die Zeremonie gilt als Übung, damit man jede Aufgabe des täglichen Lebens mit klarem Geist und Selbstbeherrschung angehen kann.

Die Teezeremonie besteht aus den drei Elementen: Garten mit dem Weg, Teepavillon und Gerätschaften, die alle eine symbolische Bedeutung haben.

Der Wegverlauf im Garten, die Farbe des Zimmers, die Wahl der Gerätschaf-

ten dienen dazu, dem Gast die Wohltaten der Natur und die Wärme des menschlichen Herzens zu vermitteln. Der Weg heißt *roji*, »vom Tau genäßte Erde«, und erinnert an einen Gebirgspfad. Wer ihn entlangschreitet, verläßt das gewöhnliche Leben und kann sich entspannen und den Geist von materiellen Sorgen befreien; diesen Weg entlangzuschreiten bedeutet, sich von Titeln, sozialem Rang und Reichtum zu lösen. Der Teepavillon sieht aus wie eine einfache Einsiedlerhütte und heißt *sukiya*, was »Haus der Phantasie« und »leeres Nest« bedeutet. In der Tat handelt es sich um einen leeren und schmucklosen Raum. Die Tür ist sehr niedrig, damit der Gast gesenkten Hauptes eintritt und Bescheidenheit empfindet. Der Gastgeber gestaltet je nach Stimmung, Erfahrung und Können das Ambiente. Im *tokonoma*, einem Alkoven, stehen Blumen und hängt ein *kakejiku*, eine Papierrolle. Sie trägt eine Zen-Maxime oder ein Gemälde, welche auf das sorgfältigste je nach Jahreszeit, Farben, Form und Thema der Zusammenkunft ausgewählt wurden. Oft handelt es sich um die Kalligraphie eines Zen-Meisters.

Der Gastgeber betritt den Pavillon durch eine Schiebetür und serviert seinen Gästen, die mit gekreuzten Beinen auf dem Boden sitzen, eine leichte Mahlzeit: *kaiseki*, die Quintessenz der japanischen Küche. Die Speisen müssen mit den Augen, mit der Zunge und mit dem Herzen gegessen werden; die Speisen kommen aus den Bergen oder aus dem Meer und werden mit Stäbchen aus frischem Bambus gegessen. Am Ende der Mahlzeit werden Süßigkeiten und Kleingebäck aus Bohnenpaste gereicht.

Im Teeraum darf nichts den Geist ablenken. Die passende Kombination der einzelnen Gerätschaften, die in einem speziellen Schränkchen aufbewahrt und in einer genau festgelegten Reihenfolge ins Zimmer gebracht werden, zeugen von der Aufrichtigkeit des Gastgebers.

Dieser verwendet die Gerätschaften mit vorsichtiger Hand, um den *matcha* (»Jadeschaum«) zuzubereiten. Dafür wird das sehr feine grüne Teepulver in einer Schale mit dem *chasen*, einem Bambusbesen, aufgeschlagen. Die Schale wird mit beiden Händen so gehalten, daß der

Gast das Dekor sieht. Der grüne Tee, der an die Natur gemahnt, wird in drei Schritten getrunken. Der leichteste Tee, der nach den Süßigkeiten serviert wird, wird in einer anderen Schale gereicht.
Der Gastgeber begleitet seine Gäste zur Tür, legt die Gerätschaften ab, reinigt sie, nimmt die Blumen aus der Vase und macht wieder Ordnung. Es ist eigentlich nichts Besonderes passiert – nur die Darstellung des Lebens im kleinen.
In Japan wird die Teezeremonie wie Tanz oder Musik bereits den Kindern beigebracht, denn es bedarf vieler Lehrjahre, um zum Teemeister aufzusteigen. Frauen sind erst seit Anfang des 20. Jahrhunderts, allerdings nur nach Zustimmung des Teemeisters zur Teezeremonie zugelassen.
Da viele Japaner heute keine Möglichkeit haben, einen eigenen Teepavillon zu unterhalten, haben sie meist ein Zimmer in ihrem Haus oder in der Wohnung für die Zeremonie reserviert. Gelegenheit

dafür bieten die Kirschblüte, die Ankunft eines Gastes oder ein sonstiger festlicher Anlaß.

Die Stunde des Tees in England

In England wird Tee zu jeder Tageszeit getrunken. Teetrinken ist ein köstliches und raffiniertes Ritual, auf das niemand verzichten mag.

Das Frühstück stellt die reichhaltigste und interessanteste Mahlzeit des Tages dar, doch der legendäre Fünfuhrtee ist für die Engländer geradezu Ausdruck ihres Lebensstils. Denn der *Five o'clock tea* bedeutet, daß man sich die Zeit nehmen kann und will, aus dem hektischen Alltagsgeschehen auszubrechen, er steht für Luxus und macht gute Laune.

Etwas ganz anderes ist der *High tea*: Obwohl es sich auch hier um eine weitere Sublimierung des exotischen Aufgußgetränks handelt, ist High tea eine kräftige Mahlzeit, die am späten Nachmittag zwischen Kaffeepause und Abendessen eingenommen wird. In der Regel ersetzt High tea das Abendessen, denn es werden sogar Lammkoteletts und Bratkartoffeln, kalter Baten, Rühreier, Salat, Süßes und Obst aufgefahren. High tea war vor allem im viktorianischen England, in Irland und in Schottland in Mode, wird aber heute als willkommene Unterbrechung eines langen Sonntags daheim gesehen. Zum Tee, vorzugsweise

einem Lapsang Souchong oder einem klassischen chinesischen Tee, reicht man verschiedene Speisen wie Fleisch- oder Fischpasteten, Gemüseterrinen, Weißbrot, Sandwiches, Kanapees und Süßigkeiten. Diese Traditionen reichen bis ins 17. und 18. Jahrhundert zurück, als der Tee die angelsächsischen Gewohnheiten von Grund auf revolutionierte.

1661 wurden in Vauxhall am Südufer der Themse öffentliche Parkanlagen errichtet, 1732 wurden sie erweitert. Neben Theaterveranstaltungen gab es dort Tanzabende, bei denen bevorzugt Tee getrunken wurde. In diesen »Tea gardens« schlürften viele Engländer ihre erste Tasse Tee.

Nach diesem erfolgreichen Modell wurden Mitte des 18. Jahrhunderts viele andere Gärten eröffnet, in denen man sich sorgfältig gekleidet in den Nachmittagsstunden einfand. Und warum ausgerechnet um fünf Uhr?

Die »Erfindung« des *Afternoon tea* geht vermutlich auf Anne, Gemahlin des siebten Duke of Bedford, zurück. Sie lebte von 1788–1861 und litt an krankhafter Magenleere. Sie überbrückte die Zeit zwischen Lunch und Dinner daher mit Tee und kleinen Appetithappen. Ihr Beispiel wurde von den Damen der Gesellschaft mit Begeisterung aufgenommen und entwickelte sich zur Stütze der englischen Lebenskunst, die nach strengen Regeln guten Geschmack, Finesse und Herzlichkeit vereint.

In viktorianischer Zeit fand der Nachmittagstee in fast allen englischen Familien und allen Gesellschaftsschichten Eingang.

Auch auf dem Land wurde der Nachmittagstee zur wichtigsten Mahlzeit des Arbeitstages. Man trank ihn früher um sechs Uhr, erst seit Beginn des 20. Jahrhunderts hat sich der Fünfuhrtee eingebürgert. Für die Feldarbeiter und Bauern gab es dann Speckkuchen, Obstkuchen und verschiedene Brotsorten. Je nach Jahreszeit trinkt man den Tee im Salon, auf der Veranda oder unter der Pergola.

Eine im viktorianischen Stil gedeckte Tafel war eine Augenweide. Da türmten sich die Speisen auf silbernen Etageren,

Königin Viktoria

der Tee wurde aus chinesischen Porzellankannen ausgeschenkt, zu denen es passende Milchkännchen und Zuckerdosen sowie *tea caddies*, luftdicht verschließbare Teedosen, gab. Der Tee wurde vom Hauspersonal oder von der Tochter des Hauses serviert, die auf diese Weise ihre Fähigkeiten als künftige Hausherrin unter Beweis stellen konnte. Damals wie heute sind als Gebäck zum Fünfuhrtee besonders beliebt Mandelkekse, Scones, Cakes und Sponge cakes, eine Art Biskuitkuchen. Inzwischen gibt es auch den sogenannten *Cream tea*, zu dem *clotted cream*, also sehr dicke Sahne, gereicht wird. Auch für die Kinder wurde in viktorianischer und edwardianischer Zeit eigens Fünfuhrtee serviert – sie tranken ihn im Kinderzimmer.

Am Tag ihrer Krönung im Jahr 1837 führte Königin Viktoria die offizielle *Tea time* im Buckingham Palace ein. Auch Königin Elizabeth II. läßt jeden Tag um fünf Uhr ihre Geschäfte ruhen und gönnt sich in ihren Gemächern eine Tasse Tee im Familienkreis.

Während der Industrierevolution wurde eine Pause für die Arbeiter eingeführt, in der sie ihren Tee trinken konnten. Die Arbeitgeber sperrten sich zwar anfangs dagegen, doch 1820 wurde diese Pause offiziell durchgesetzt.

Als die *Routes*, mondäne Veranstaltungen, integraler Bestandteil des britischen Gesellschaftslebens wurden, benannte man kleine Süßigkeiten, die zum Tee genascht werden, nach ihnen. Mitte des 19. Jahrhunderts verloren sie an Bedeutung, doch inzwischen hatten die großen Kaufhäuser eigene Teesäle eröffnet, in denen ein Orchester für die musikalische Untermalung des Nachmittagstees sorgte.
Tee stand auch im Mittelpunkt vieler Veranstaltungen, die dem Alkoholkonsum den Kampf angesagt hatten.
Im Zweiten Weltkrieg verloren die Teesäle an Bedeutung.
Heute wird das Ritual des Nachmittagstees allgemein stark verkürzt und oft nur mit einem Teebeutel oder Tee aus dem Automaten bestritten. Afternoon Tea im großen Stil überlebt nur noch in den Familien der gehobenen Gesellschaft oder in den großen Hotels, wo man auf der Speisekarte eine hervorragende Auswahl an Tees sowie exklusive Hausmischungen und grünen Tee entdeckt.

Das Teeritual in Schottland und Irland

In Schottland gilt die Teestunde als schönste Stunde des Tages, und das Scottish Breakfast überraschte im 19. Jahrhundert mit seiner Vielfalt an Scones und Broten. Auch heute kennt man in den schottischen Fabriken noch die Tra-

dition des High tea, bei dem viele Köstlichkeiten wie kalter Braten, Eier mit Speck, Räucherfisch, Salat, Süßes und Obst gereicht werden.
In Irland gibt es zur Teestunde verschiedene Brotsorten aus Kartoffelteig (der auch für süßes Gebäck verwendet wird).
In Schottland und in Irland trinkt man schwarzen Tee fast immer mit flüssiger Sahne.
Weit entfernt vom Zauber, der die japanische Teezeremonie umgibt, ist das Teeritual in Großbritannien ein Vorwand, um sich zu treffen und die langen verregneten Nachmittage zu verkürzen. Vielleicht hat der Erfolg des Tees ja auch ein wenig mit seiner Farbe zu tun, die an goldene Sonnenstrahlen erinnert ...

Amerika und die Boston Tea Party

Die englische Kunst des Teetrinkens war in Amerika recht schnell vergessen. Tee

war von jeher eng mit Kultur und Politik verwoben, und in Amerika löste er sogar den Unabhängigkeitskrieg aus.
Von holländischen Schiffen erstmals im 17. Jahrhundert nach Nordamerika gebracht, erfuhr der Tee im darauffolgenden Jahrhundert zunächst in der Oberschicht und später auch in der allgemeinen Bevölkerung Verbreitung.
In New York galt das Wasser aus dem

Brunnen der Chaham Street als bestes Teewasser, und wurde von den *teawater men* in den Straßen der Stadt verkauft. Man trank bevorzugt grünen Tee aus China, der mit Safran, Iriswurzeln oder Gardenienblüten aromatisiert wurde.

In Neuengland dagegen trank man den Tee wie in England, sträubte sich aber gegen die hohen Steuern, die die englische Regierung darauf erhob.
Um 1760 stand Tee an dritter Stelle der Erzeugnisse, die von den amerikanischen Kolonien importiert wurden. England hatte noch unter den Folgen langer Kriege zu leiden und wurde von einer schweren Wirtschaftskrise getroffen, so daß es sich gezwungen sah, die Teesteuer zu erhöhen. Aber die Amerikaner rebellierten und lancierten nationalistische Kampagnen gegen den Teegenuß. Die Ostindien-Kompanie senkte die Abgaben, doch die Gemüter hatten sich bereits zu sehr erhitzt. Am 16. Dezember 1773 enterten die Patrioten der Bostoner Loge Saint André als Mohawk-Indianer verkleidet drei Schiffe der Kompanie und warfen tonnenweise chinesischen Tee ins Hafenwasser. Die Boston Tea Party entfachte einen Krieg, der den Amerikanern 1776 die Unabhängigkeit brachte. Aber die Amerikaner – Ironie des Schicksals – wurden zu Kaffeetrinkern, was sie bis heute geblieben sind.

Der raffinierte Geschmack der Teeutensilien

Gleichzeitig mit dem Teetrinken entwickelte sich ein Zweig der Töpferkunst, der bei Formen und Dekors immer raffiniertere Techniken erprobte.

Die Porzellanherstellung wurde unter der Ming-Dynastie, die 1368 in Nanking gegründet wurde, zum wichtigsten Industriezweig in ganz China. Ihr Stil beeinflußte alle anderen Länder, auch Japan, wo die Entwicklung der Teezeremonie zur Entstehung vieler Schulen führte, die in dieser Kunst unterwiesen.
Tee wurde gewöhnlich aus großen Holzschalen getrunken. Edelleute verwendeten auch ziselierte Silber- und Goldschalen, bevor die Teemeister vom Gebrauch metallener Gerätschaften abrieten.
Als die Teeproduktion um 1300 anstieg, änderten sich die Gewohnheiten. Tee wurde nicht mehr gekocht, sondern aufgegossen, die Terrakottaflasche wurde durch einen praktischeren Kocher ersetzt, winzige Porzellantassen traten an die Stelle der Holzschalen, und das Getränk wurde in großen Teekannen in ausgekleideten Körben warm gehalten.

Die Gerätschaften zur Teebereitung wurden nach den ersten Teesendungen von China nach Europa verschickt.
Mit der Verbreitung von Tee als Gesellschaftsritual wurden sämtliche Gerätschaften zur Teebereitung Ausdruck von Geschmack und Kultur ihrer Zeit.
Die *Teekannen* waren aus rotbrauner Keramik. In Holland war es erstmals gelungen, eine Keramik herzustellen, die dem chinesischen Material ähnelte. Die Formel für chinesisches Porzellan wurde schließlich 1709 in Sachsen entdeckt, als man die Rolle des Kaolin erkannte. So entstanden die Teeservice, die sich aus vielen Teilen zusammensetzten. Dank so berühmter Manufakturen wie Meißen hielt nun edles Porzellan Einzug in die Teesalons Deutschlands.
Zusammen mit dem Teeritual gewannen in der zweiten Hälfte des 18. Jahrhunderts schönes Porzellan, Teekannen und Teetassen in den vornehmen Salons in ganz Europa an Bedeutung. Die älteste Teekanne europäischer Produktion stammt aus dem Jahr 1647.
Die Teekanne spielt für das Gelingen des

Tees eine wichtige Rolle. Man sagt, daß glattes Material wie Porzellan besser für chinesische Tees, rauhes und poröses Material wie Gußeisen und Terrakotta besser für indische Tees geeignet seien. Silberne Teekannen sehen zwar wunderschön aus, eignen sich aber nicht besonders gut zur Teebereitung. Die Form

sollte einfach sein. Teekannen brauchen einen langen Schnabel, damit man den Tee gut ausgießen kann. Eine Teekanne wird nur mit Wasser gewaschen, an der Luft getrocknet und ausschließlich für Tee verwendet. Wenn man sie lange nicht benutzt hat, gibt man etwas Zucker auf den Boden der Kanne, der Feuchtigkeit und Gerüche absorbiert.

Für den vollendeten Teegenuß braucht man außerdem einen *Teekocher*, der nur für diesen Zweck eingesetzt wird.

In seiner Abhandlung über den Tee empfielt Lu Yu *Teetassen* aus Celadon, weil die zartgrüne Farbe des Porzellans

das Grün des Tees schön betont. Heute empfiehlt man Teetassen, die innen hell oder weiß glasiert sind. Die Tassen sollten aus dünnem Porzellan sein und einen bequemen Henkel haben. Bis ins späte 18. Jahrhundert verwendete man auch in Europa nach östlicher Manier Tassen ohne Henkel. Zu den Teeschalen gab es kleine tiefe Teller, in die man etwas Tee gab, um ihn abkühlen zu lassen oder auch zu trinken. Die Chinesen fügten Ende des 18. Jahrhunderts Henkel an die Tassen, die für den Export bestimmt waren. Sie hatten sich von den Krügen inspirieren lassen, aus denen die Engländer Glühwein und Bier tranken. Aus den englischen Manufakturen kamen Teeservice in den verschiedensten Formen; man erfand sogar sogenannte »Schnurrbarttassen« mit einem kleinen Rand, der verhinderte, daß der Schnurrbart in den Tee tauchte. Die englische Oberschicht trank ihren Tee aus feinen chinesischen Porzellantassen, während die einfache Bevölkerung sich mit *mugs*, größeren Tassen ohne Untertasse, wie man sie auch als Kaffeebecher verwendet, beschied. Inzwischen sind Teetassen zu Sammlergegenständen geworden.

Auch der *tea caddy*, die Teedose, war einst von großer Bedeutung. Der Name ist vermutlich eine Verballhornung des chinesischen Worts *catty*, das eine alte Maßeinheit für Tee bezeichnet. Diese Teedosen waren ursprünglich aus Porzellan, später wurden sie auch aus anderen wertvollen Materialien hergestellt. Die edelsten Caddies aus dem 18. Jahrhundert enthielten sogar drei Tassen, die jeweils für schwarzen und für grünen Tee und für eine Mischung aus beiden Teesorten gedacht waren. Da Tee sehr wertvoll war, besaßen die Dosen oftmals ein kleines Schloß. Heute werden diese Caddies auch gesammelt. Die schönsten und begehrtesten Teedosen stammen aus China und sind mit Drachen, Landschaften und Schriftzeichen verziert. Die klassischen englischen Teedosen sind mit alten Etiketten oder Bildern der Königsfamilie geschmückt.

Um Tee richtig zelebrieren zu können, braucht man auch einen *Dosierlöffel* und ein *Sieb*, das man entweder am Schnabel der Teekanne befestigt oder in die Tasse hängt. Dosierlöffel und Siebe gibt es in Silber mit verziertem Griff oder Einzelstücke mit Sieb und Auffangschale. Damit man den Tee nicht immer umständlich abseihen mußte, erfand man im Westen das Tee-Ei, das direkt in die Kanne gehängt und mit Hilfe einer Kette am Schnabel der Kanne befestigt wird.

Die *Teelöffel*, mit denen man das Getränk in der Tasse umrührt, haben genau berechnete Dimensionen: etwas kleiner als Dessertlöffel und etwas größer als Kaffeelöffel. Sie kamen Ende des 17. Jahrhunderts in Mode.

Als die Tea Gardens an Beliebtheit verloren, lud man die Freunde zu sich nach Hause zum Tee ein. Schon waren die *Teetischchen* geboren. Sie hatten einen Mittelfuß, der in drei Füßchen auslief, eine rechteckige Platte mit gemustertem und leicht erhöhtem Rand oder waren

mit einer Art durchbrochener Reling umgeben. Diese Tische konnte man hochklappen und an die Wand stellen, wenn man sie nicht mehr brauchte. Bei anderen Modellen konnte man die Platte herausnehmen und als Tablett verwenden.

Tee richtig zubereiten

»Tee ist nichts anderes als: Wasser erhitzen, Tee kochen und stilgerecht trinken. Das müßt ihr wissen.« So ungefähr lautet die Regel des Teemeisters Sen no Rikyû.

Der japanische Gelehrte Kakuzo Okakura schreibt in seinem Buch vom Tee, daß es im wesentlichen drei Formen der Teebereitung gibt: gekochter Tee, geschlagener Tee und Aufgußtee.

Im klassischen China wurde Tee hauptsächlich nach der ersten Methode zubereitet. Die Teeblätter wurden in Dampf gegart, im Mörser zerstoßen und mit Ingwer, Salz, Orangenschale, Gewürzen und Milch gekocht.

Während der »romantischen« Periode trank man geschlagenen Tee. Grünes Teepulver wurde mit kochendem Wasser überbrüht und mit einem Bambusbesen geschlagen, bis eine relativ dicke Flüssigkeit entstand.

Tee als Aufgußgetränk, wie man ihn heute kennt, setzte sich in der Ming-Zeit durch.

Man muß allerdings kein Teemeister sein, um im Westen eine gute Tasse Tee zuzubereiten:
Die Engländer, die sich aufs Teebereiten meisterhaft verstehen, diskutieren seit Jahrhunderten über die bestmögliche Methode. 1973 gab die *Institution of British Standard*, die über die Qualitätseinhaltung britischer Erzeugnisse wacht, nach eingehenden Untersuchungen ein Communiqué heraus, das die Regeln zur Teebereitung ein für allemal festschreiben sollte. Doch das *Tea Council*, das Verbandsgremium der Teetrinker, wies dieses Communiqué zurück und teilte seinerseits die Prinzipien der Teebereitung mit. Die beiden Regelwerke könnten verschiedener nicht sein. Einzig der Zeitpunkt, zu dem die Milch in die Tasse gegossen wird, ist bei beiden derselbe: immer vor dem Tee.

Hier die Grundregeln:
Der Tee muß natürlich von guter Qualität sein. Da er durch den Kontakt mit Sauerstoff sein Aroma verliert, muß er

nach dem Öffnen in einen luftdicht verschließbaren Behälter umgefüllt werden. Dies gilt auch für Teebeutel.

Kaltes, niemals warmes Leitungswasser zum Kochen verwenden, damit der Teegeschmack nicht beeinflußt wird. Für die Teebereitung eignet sich weiches Wasser am besten, während kalkhaltiges, eisenhaltiges und gechlortes Trinkwasser ungeeignet sind. Weniger gutes Wasser sollte man abkochen, erkalten lassen, in einen anderen Behälter umfüllen und nach und nach für den Tee verwenden.

Das Wasser in einem emaillierten Topf, der möglichst nur dafür eingesetzt wird, kochen.

Die Teekanne 2–3 Zentimeter tief in heißes Wasser tauchen und heiß werden lassen. Wenn sich die Teekanne außen kochendheiß anfühlt, hat sie die richtige Temperatur für den Tee.

Einen Teelöffel Tee pro Tasse und einen für die Teekanne abmessen.

Das kochende Wasser über die Teeblätter gießen, sanft umrühren, Deckel aufsetzen und 3–5 Minuten ziehen lassen.

Grüner Tee wird nicht mit kochendem, sondern etwa 85 Grad heißem Wasser aufgegossen.

Den Tee direkt in die Tassen oder in eine zweite Teekanne abseihen. Mit zwei Kannen arbeitet man am besten: eine für den Aufguß, die andere zum Servieren.

Starke Tees wie Schwarztees aus gebrochenen Blättern vertragen einen Schuß Milch, der den kräftigen Tanningeschmack mildert. Leichte Tees, Räuchertee, grüner und halbfermentierter Tee werden pur getrunken. Zucker, vorzugsweise Kandiszucker, gehört ebenfalls nur in schwarze Tees. Zitronensaft übertönt eigentlich fast jedes Teearoma. George Orwell war ein kundiger Teetrinker und schrieb in seinem Essay »Eine Tasse Tee«: »Man sollte niemals Zucker in den Tee geben ... Das wäre ja wie Salz und Pfeffer einstreuen! Tee ist von Natur aus bitter ... Jeder soll den Tee trinken, den er verdient.«

Was man vermeiden sollte:
Zu langes Durchziehen beeinträchtigt den Geschmack, weil dann zuviel Tannin von den Blättern in den Aufguß wandert. Tee-Eier aus Silber oder Porzellan sehen zwar hübsch aus, sind aber nicht zu empfehlen. Die Teeblätter können in der Enge des Behälters ihr Aroma nicht entfalten.
Tee sollte man nicht zu lange in einer Thermoskanne aufbewahren, weil das Getränk sich infolge des Sauerstoffmangels verändert.

Teebeutel

Anfang des 20. Jahrhunderts erfand der New Yorker Teehändler Thomas Sullivan die Teebeutel, die genau die richtige Menge Tee für eine Tasse enthalten. Ursprünglich als Seidensäckchen für Ge-

schmacksproben entwickelt, setzten sich die praktischen Beutel schnell durch. Während des Ersten Weltkriegs verpackte eine Dresdener Firma den Tee, der an die Front verschickt wurde, im großen Maßstab in Portionsbeutel. Man wußte allerdings noch nicht, wie man die Beutel verschließen sollte, ohne daß die verwendeten Materialien den Teegeschmack beeinflußten. Erst 1950 wurde der Doppelkammerbeutel aus Filterpapier entwickelt, der gefaltet wird und daher ohne Leim auskommt.

Teebeutel werden mit feinem Teestaub und Bruchstücken von den Rändern der Teeblätter gefüllt und ergeben daher ein besonders aromatisches und farbintensives Getränk.

Tee ist gesund

Tee enthält 5–10 Prozent Feuchtigkeit, 8–15 Prozent Tannin (bis zu 20 Prozent beim grünen Tee), 1,5–4 Prozent Koffein, wenig Theophyllin, 1 Prozent ätherische Öle, 5–8 Prozent Asche.

Das Getränk besitzt viele wohltuende

Eigenschaften, wirkt leicht anregend auf das Nervensystem und steigert den Blutdruck, fördert körperliche und geistige Betätigung, stärkt das Gedächtnis, regt Darm- und Nierentätigkeit an, ohne den Körper mit Kalorien zu belasten.
Das Koffein ist in jungen Blättern in stärkerem Maß enthalten als bei normaler Ernte. Der Koffeingehalt ändert sich außerdem mit der Sorte und der Erntezeit. Tee aus Java und grüner Tee aus Japan enthalten das meiste Koffein. Durch die Kombination mit Gerbsäure wirkt es jedoch weniger stark als das im Kaffee enthaltene Koffein. Deshalb kann Tee auch von Menschen getrunken werden, die unter Reizbarkeit oder Angstzuständen leiden. Die Gerbsäure hilft außerdem bei Durchfall.
Tee enthält Vitamine der B-Gruppe sowie Vitamin C und E und die wasserlöslichen Mineralstoffe Fluor, Kalium, Eisen, Kupfer und Mangan.
In einigen Ländern gilt Tee als Heilmittel und dient als Tonikum für das Herz und wegen seines hohen Tanningehalts als Gegengift bei bestimmten Vergiftungen.

Tee in der Kunst

Tee fasziniert mit seinem Duft nach Abenteuer die ganze Welt und ist nach Wasser weltweit das am meisten verbreitete Getränk.

Im Orient versucht man durch das mystische und weihevolle Getränk einen Zustand universaler Harmonie zu erreichen, sein Duft hat chinesische und japanische Dichter und Maler beflügelt; Tee wurde Gegenstand vieler Gedichte und Gemälde.
Tee wird auch in der westlichen Literatur besungen und ist bevorzugtes Getränk vieler berühmter Romanhelden.
Im 19. Jahrhundert war der bernsteinfarbene Aufguß aus der Welt der Künstler nicht mehr wegzudenken, glaubte man doch aus der Art, wie er serviert wurde, Liebesbotschaften ablesen zu können. Goethe lud seine Freunde am liebsten zu einer Tasse Tee ein.
Das berühmte Teegedicht von Heinrich Heine wurde in der Konditorei Stehelysh geschrieben, einem Berliner

D'Annunzio

Treffpunkt, in dem Schriftsteller, Schauspieler und Künstler auf eine Tasse Tee zusammenkamen. Für den Tee wurde sogar eigens Musik komponiert.
Auch in der italienischen Literatur wurde der Tee ausgiebig gerühmt, so z.B. von D'Annunzio in *Il Piacere* (»Das Vergnügen«). Am nettesten und phantasievollsten ist aber wohl die verrückte Teetafel in *Alice im Wunderland* von Lewis Carroll, auf der nichts anderes steht als Tee.
Die erste Fotografie von englischem Tee wurde 1840 von William Henry Fox Talbot aufgenommen. Der französische Maler James Tissot machte den Tee oft zum Gegenstand seiner Gemälde. Ein anderer Franzose, Maurice Ravel, setzte dem *Five o'clock tea* mit dem gleichnamigen Tanz ein musikalisches Denkmal mit jazzähnlichen Rhythmen. Doch niemand hat dem Tee je ein Musikwerk gewidmet, das sich mit Bachs *Kaffeekantate* vergleichen ließe.

REZEPTE

Anmerkung: Die Rezepte sind für 6–8 Personen berechnet. Wenn nicht anders angegeben, ist jede beliebige Teesorte in normaler Konzentration (1/4 l Wasser auf 1 1/2 TL Tee) geeignet.
Grundrezept für starken Tee: 1/4 l Wasser auf 2 1/2 TL Tee.

Japanischer Punsch

1 TL grüner Tee, 1/2 l Wasser, 100 g Zucker, die abgeriebene Schale einer Zitrone, 1/2 l trockener Weißwein, 1 Gläschen Jamaicarum
Den Tee mit kochendem Wasser überbrühen. 5 Minuten durchziehen lassen, dann abgießen. Den Zucker und die Zitronenschale in den Tee geben und umrühren, bis sich der Zucker auflöst. Wein und Rum hinzugießen, wieder erwärmen, aber nicht kochen, und heiß servieren.

Traditioneller englischer Punsch

70 g Zucker, die abgeriebene Schale von

1 Zitrone und 1 Orange, 1 Flasche Rotwein, 3 Tassen starker Tee, 1/2 Glas Curaçao
Den Zucker zusammen mit der Zitronen- und Orangenschale in einen Topf geben und bräunen. Vom Herd nehmen, ein Glas Rotwein hinzugießen und den Zucker karamelisieren lassen. Dann den restlichen Rotwein dazugießen und erneut heiß werden lassen. Den Tee und den Curaçao einrühren und gut vermischen. Heiß servieren.

Rumpunsch

3/4 l Wasser, 6 TL schwarzer Tee, 1 Glas Rum, 75 g Zucker, Saft von 2 Zitronen und 2 Orangen, 1 Zitrone und 1 Orange zum Verzieren
Den Tee wie gewohnt zubereiten. In der Zwischenzeit den Rum und den-Zucker in einem Töpfchen erhitzen, bis eine bernsteinfarbene Masse entsteht. Den kochendheißen Tee, Zitronen- und Orangensaft hinzufügen. In ein vorgewärmtes Gefäß füllen und mit Zitronen- und Orangenscheiben garnieren.

Pfefferminztee

2 TL Pfefferminztee, 1 1/4 l Wasser, 8 TL schwarzer Tee, Rohrzucker

Pfefferminz- und Schwarztee getrennt zubereiten. Den Pfefferminztee mit etwa 1/4 l Wasser, den Schwarztee mit 1 l Wasser aufgießen.

4–5 Minuten ziehen lassen, abgießen und vermischen.

Nach Belieben mit braunem Rohrzucker süßen.

Gewürztee

1 1/4 l Wasser, 7 TL schwarzer Tee, 1/2 TL gemahlener Anis, 3 Gewürznelken, 1/4 Zimtstange, 3 EL Zucker

Das Wasser zum Kochen bringen, den Tee damit aufgießen und die Gewürze hinzufügen.

4–5 Minuten durchziehen lassen und abgießen.

Zu diesem Tee schmecken besonders gut kandierte Früchte.

Tee mit Cognac

1 l Wasser, 6 TL schwarzer Tee, 1 Vanilleschote, 100 g Zucker, 2 Orangen, 2 Gläschen Cognac
Das Wasser zum Kochen bringen und den Tee damit aufgießen. Die Vanilleschote hineinlegen und 5 Minuten ziehen lassen. Abgießen, dann den Zucker und die ungeschälten, in dünne Scheiben geschnittenen Orangen hinzufügen. Den Cognac einrühren und servieren.

Tee-Bowle

1/4 l Wasser, 4 TL Tee, 30 g Zucker, Saft von 1/2 Zitrone, 1 Glas Weinbrand, 100 g Beeren, 1 Flasche Sekt, Zitronenscheiben zum Dekorieren
Den Tee zubereiten und süßen. Abkühlen lassen, dann den Zitronensaft und den Weinbrand hinzufügen. In den Kühlschrank stellen.
Vor dem Servieren einen Teelöffel Beeren in jede Sektschale geben, etwas Tee darübergießen und mit Sekt auffüllen. Jedes Glas mit einer Zitronenscheibe verzieren.

Eistee

1 1/4 l Wasser, 6 TL hochwertige Teeblätter, Flüssigzucker, frische Obststückchen
Tee wie gewohnt zubereiten, abgießen und im Kühlschrank mehrere Stunden abkühlen lassen.
Vor dem Servieren nach Geschmack süßen und die Obststückchen hinzufügen.

Eistee mit Honig

1 l Tee, 5 EL Honig, 1/4 l Milch, 2 Bananen (geschält und in Scheiben geschnitten), 250 g geschlagene Sahne
Den noch warmen Tee mit Honig süßen.
Die kalte Milch und die Bananenscheiben unterheben.
Im Kühlschrank kalt werden lassen.
Mit einem frischen Sahnehäubchen servieren.

Pfirsichtee

1 l Tee, Zucker, Saft einer Zitrone, 4 reife Pfirsiche, 1/2 Glas Maraschino
Den noch heißen Tee zuckern und mit Zitronensaft anreichern. Drei Pfirsiche schälen, entsteinen und klein schneiden. Mit etwas Maraschino pürieren. In einer Karaffe den Tee und das Pfirsichpüree vermischen. Den vierten Pfirsich schälen, entsteinen und in Scheiben schneiden und in den Tee geben.
Kalt servieren.

Teeparfait

12 Eigelbe, 1/2 Glas starker Tee, 1/2 l warmer Zuckersirup (30°C), 1 Vanilleschote, 1 l Schlagsahne, 50 g Zucker
Die Eigelbe mit dem kalten Tee aufschlagen. Den Zuckersirup mit dem Schneebesen einrühren und weiterschlagen. Ins Wasserbad setzen und mit dem Schneebesen weiterschlagen, bis die Masse eindickt. Sobald die Creme zu köcheln beginnt und am Rand heller wird, das Vanillemark hinzufügen. Vom Herd nehmen und unter ständigem Schlagen abkühlen lassen.

Die Creme durch ein Sieb passieren. Die geschlagene und gezuckerte Sahne unterziehen. In eine Form füllen und im Kühlschrank erkalten lassen.
Kalt servieren.

Tee-Eis

1 Glas Wasser, 4 Teebeutel, 2 Eier, 300 g Zucker, 1 1/2 Glas Milch, 150 g Sahne, Zitronenscheiben zum Garnieren
Das Wasser zum Kochen bringen und den Tee damit aufgießen. Abkühlen lassen.
Die Eier mit dem Zucker aufschlagen. Milch und Sahne zu den Eiern geben und vermischen, dann auch den kalten Tee unterrühren.
In der Eismaschine oder im Gefrierschrank gefrieren lassen.
Während das Eis im Gefrierschrank fest wird, ab und zu umrühren.
Mit den Zitronenscheiben servieren.

Teesorbet

1 l Wasser, 3 Teebeutel, 200 g Zucker, 2 Gläser Whisky
Das Wasser zum Kochen bringen und über die Teebeutel gießen. 5 Minuten ziehen lassen, dann die Teebeutel entfernen. Zuckern, gut umrühren und abkühlen lassen. Den Whisky einrühren, gut vermischen und dann wie im Eisrezept beschrieben gefrieren lassen.

Teegranita

1/2 l Wasser, 150 g Zucker, 1/2 l Orange-Pekoe-Tee
Wasser und Zucker in einen Topf geben und auf mittlerer Flamme zum Kochen bringen. Dabei ständig umrühren. Drei Minuten durchkochen lassen, dann den Tee hinzugießen.
Erkalten lassen und ins Gefrierfach stellen.
Regelmäßig mit einem Schneebesen umrühren, damit die Granita nicht zum Block gefriert, sondern cremig bleibt.

Tee-Reis

1 TL Assamtee, 1/2 l Wasser, 20 g Butter, 30 g Mehl, 1/4 l Milch, 400 g gekochter Reis, 1 Prise Salz

Den Tee im Mörser zu feinem Pulver zerstoßen. Mit kaltem Wasser aufgießen und zum Kochen bringen.

Auf sehr kleiner Flamme leise köcheln lassen.

Inzwischen eine etwas dickliche Béchamelsauce zubereiten. Dazu Butter und Mehl hell anschwitzen, dann nach und nach die Milch hinzugießen, bis die Flüssigkeit eindickt.

Den Reis behutsam unterheben, den Tee dazugeben und alles einmal aufkochen lassen.

Salzen und sofort servieren.

Bibliografie

Enciclopedia Italiana Treccani, Bd. 33, Rom 1949

Enciclopedia Casa e Cucina, Mailand 1964

O. Kakuzo, *Il libro del tè*, Übs. u. Vw. v. P. Verni, Mailand 1978

The New Encyclopaedia Britannica, 15. Aufl., Ausg. *Micropaedia*, Bd. 9, Chicago 1980

Il manuale del gelataio, Biblioteca Simac, Gessate (MI) 1984

Grande Enciclopedia illustrata della gastronomia, Mailand 1990

Lu Yu, *Il Canone del tè*, hrsg. von M. Ceresa, Mailand 1990

Le più belle ricette con il tè, hrsg. von R. Göök, Florenz 1991

Il grande libro del tè, Mailand 1992

M. Patten, *Il piacere del tè*, Varese 1992

M. Schiaffino, *L'ora del tè*, Mailand 1992

G. Hilton, *Tea and Coffee*, London 1995

Soshitsu Sen XV, *Chado, lo Zen nell'arte del tè*, Übs. des Centro Urasenke, Rom 1995

Cameria e il tè giapponese, Protokoll der Konferenz in Lucca 1997, in: »Tea & Coffee Journal«, Februar 1997

Danksagung

Wir danken Alfredo und Regina Carrai sowie Professor Carlo Cannella für ihre freundliche Unterstützung.

INHALT

Geschichte des Tees

Von der Plantage zum Verbraucher

GENIESSER BIBLIOTHEK

Jeder Band entführt in die wunderbare Welt von Speisen und Getränken mit ihrer Geschichte, Verwendung und köstlichen Rezepten.

Unser gesamtes Programm finden Sie unter:
www.verlagshaus.com

FLECHSIG

GENIESSER BIBLIOTHEK

Jeder Band entführt in die wunderbare Welt von Speisen und Getränken mit ihrer Geschichte, Verwendung und köstlichen Rezepten.

Unser gesamtes Programm finden Sie unter:
www.verlagshaus.com

FLECHSIG